PROCÈS-VERBAL DE LA CÉRÉMONIE CIVIQUE,

Qui a eu lieu, le 20 Prairial, 3.e, à Limoges, dans le Temple de l'Être-Suprême, en exécution de la Loi du 8 Messidor de l'an 2, relative à la distribution des secours aux indigens des campagnes.

A LIMOGES,
Chez FRANÇOIS DALESME, Imprimeur, 1795.

PROCÈS-VERBAL
DE
LA CÉRÉMONIE CIVIQUE,

qui a eu lieu, le 20 Prairial, 3.e, à Limoges, dans le Temple de l'Être-Suprême, en exécution de la Loi du 8 Messidor de l'an 2, rélative à la distribution des secours aux indigens des campagnes.

AUJOURD'HUI 20 Prairial, l'an 3.e de la République Française une et indivisible, à onze heures du matin, le Peuple s'est assemblé dans le Temple de l'Être-Suprême pour la cérémonie civique, relative à la distribution des secours aux indigens des campagnes, ordonnée par la Loi du 8

Messidor an 2e. Les Autorités constituées s'y sont réunies, ainsi que les jeunes Citoyens des écoles Primaires, conduits par leurs Instituteurs et Institutrices, et les indigens à qui les secours étoient destinés, accompagnés de leurs Municipalités respectives.

Des députations des Corps administratifs étant allées prendre chez lui le Repréfentant du peuple Cherrier, en mission dans ce Département, invité par l'Administration du Distric d'assister à cette fête, de nombreux applaudissemens ont annoncé son arrivée, et l'ont accompagné au bureau où il s'est placé.

La féance s'est ouverte par le chant du Réveil du Peuple, cette hymne chérie des Français, délivrés de la tyrannie des hommes de sang ; un orchestre et des chœurs composés des amateurs de la comédie y ont mêlé leurs accompagnemens harmonieux.

Ce chant achevé, le Président du District à prononcé un discours dont le but étoit de faire connoître l'objet et l'esprit de la cérémonie ; de célébrer la dignité de l'agriculture, le respect dû à la vieillesse, la bienfaisance qui honore et console l'indigent, les bénédictions que s'attire la Convention Nationale par des Lois aussi consolantes pour l'humanité, que précieuses pour l'établissement de la morale publique. Il l'a terminé en invitant ses concitoyens à renouveller en masse, en présence du Représentant du Peuple, dont la mission a si heureusement completté dans nos foyers la révolution du 9 Thermidor, et que nous avons le bonheur de posséder encore pour trop peu d'instans, la profession de foi politique qu'ils ont signée individuellement peu de jours auparavant, sur les évenemens mémorables qui viennent de fixer à jamais les destinées de la France, et de consolider notre Liberté.

Les Citoyens par une acclamation universelle, ont manifestés leur adhésion à ce vœu, qui étoit déjà dans leurs cœurs.

La musique a fait entendre des sons lugubres et touchans. C'étoit un hommage funèbre aux mânes de *Féraud*, ce vertueux et courageux martir de la Liberté, tombé sous le fer des exécrables assassins de la Convention Nationale.

Après que ce juste tribut a été payé à sa mémoire, le Représentant du Peuple s'est levé et à dit :

CITOYENS,

CE Jour est consacré à la Bienfaisance. Mères et Nourrices qui avez honoré ces titres respectables, Cultivateurs, Artisans,

Vieillards, Infirmes, la Convention nationale, digne de représenter le Peuple Français, vient chercher au fond des campagnes l'indigence, la vieillesse, et le malheur.

Que cette fonction est douce à remplir ! qu'il est satisfaisant pour moi de vous dire au nom de vos Représentans, amis, nous sommes tous pétris du même argile, sujets aux mêmes infirmités, aux mêmes besoins ; il faut donc nous secourir mutuellement et nous entr'aider à supporter les peines de la vie !

Vieillards respectables, vos bras usés par l'âge se refusent au travail ; mais nous travaillerons pour vous ; le sol de la liberté doit nourrir tous ceux qui ne l'ont pas souillé par leur ingratitude ou par leurs crimes ; reposez-vous sur la générosité française ; la première loi des vrais républicains est de soulager l'humanité souffrante.

Nation généreuse et brillante, voilà ton véritable caractère ; ce sont là les fêtes dignes de toi. Aujourd'hui tous les cœurs sont en paix, la satisfaction est peinte sur tous les visages ; tel est l'ascendant de la vertu, qu'un acte d'humanité produit dans toutes les ames une émotion douce, un sentiment de véritable plaisir, dont l'homme le plus pervers ne peut se défendre.

Oppresseurs de la France, bourreaux de ma patrie, quel contraste entre cette fête touchante et les spectacles barbares dont vous avez si souvent souillé les regards de vos concitoyens ! vous avez surpassé en perversité les monstres couronnés dont nous détestons la mémoire. Ils n'ont jamais osé organiser avec autant d'audace et de succès la destruction des hommes, des talens, des arts, des sciences, du commerce et de toutes les relations sociales. Mais détournons les yeux de ces scènes d'horreur, ou plutôt souvenons nous en seulement, pour jurer sur l'Autel de la Patrie, qu'il n'est plus au pouvoir des méchans de les renouveller.

Non, detestables tyrans, vous n'aurez plus le funeste pouvoir de proscrire dans vos orgies nocturnes les talens, qui vous faisaient ombrage: non, vous n'aurez plus le droit de préparer dans le sein de la débauche, le désespoir des familles dont vous aviez calculé les fortunes : non, vous ne dicterez plus du fond d'un cabaret vos affreux mandats d'arrêt, contre les citoyens paisibles dont vous convoitiez les propriétés, ou dont Vous redoutiez la surveillance : non, le peuple ne sera plus complice de vos désordres. Vous avez préparé et amené tous les maux qui l'affligent; mais il vous connaît actuellement;

votre masque est tombé ; il ne voit plus en vous que des oppresseurs et des brigands.

Envain, distribuerez-vous avec profusion des adresses mensongeres, faussement attribuées à nos armées fidèles; envain, ferez-vous circuler des lettres atroces, pour indiquer le moment où vous devez vous ressaisir de votre puissance destructive ; je vous déclare que la derniere heure de l'oppression a sonné. Le sanctuaire de la Convention nationale a été violé; mais cet outrage a redoublé son énergie. Le sang des représentans du peuple a coulé sous le poignard d'une horde assassine ; mais ce sang demande vengeance, et la mort attend les coupables.

Et vous, qui avez cru servir la cause de la liberté, tandis que vous étiez les agens des hommes les plus vils et les plus corrompus de la France ; vous aussi, qu'une longue oppression a dû déterminer à mourir plutôt que de supporter encore la tyrannie, réunissez-vous ; vos intérêts sont inséparables, votre cause est la même. Vous voulez la liberté, commencez donc par détruire toute espèce d'oppression. Nous avons tous fondé la république sur les bases de la liberté et de l'égalité; mais nous voulons en même-temps la République sans confusion, la liberté sans licence, et l'égalité sans injustice.

Pardonnez, Citoyens, si dans cette fête

destinée à la bienfaisance, je me suis permis des réflexions sévères; elles ne frappent que sur les méchans ; il est de mon devoir de les poursuivre par tout, de détruire leurs espérances coupables, de confondre leur audace, et de démasquer leurs projets liberticides.

Malheur à qui voudra arrêter les brillantes destinées de la République ; nous leurs livrerons encore un combat ; mais ce sera un combat à mort.

Concitoyens, bientôt la France sera l'alliée et l'arbitre de tous les peuples qui l'ont combattue. Vieillards respectables, réunis dans cette enceinte, vous jouirez encore de ce délicieux spectacle. Bientôt vos enfans, couverts des lauriers de la victoire, vous serreront dans leurs bras, et recueilleront les larmes de joie et de tendresse qu'ils ont si bien mérité. Ils vous rajeuniront par le recit des prodiges qu'ils ont fait. Honorés par toute l'Europe, chers à tous leurs concitoyens, ils jouiront avec vous du bienfait de la liberté que nous devrons à leur courage.

Oui, bientôt une paix glorieuse nous rendra notre industrie, nos arts, notre supériorité sur toutes les nations connues : alors nous n'aurons plus à rougir en voyant la vieillesse livrée à la misère, et le malheur sans appui ; vos législateurs sauront leur assurer les secours que l'humanité reclame en leur faveur.

Déjà, tout reprend une face nouvelle. Le Citoyen actif, certain d'être protégé par les lois, peut actuellement se livrer aux véritables spéculations commerciales, sans crainte d'être persécuté par le brigand sans industrie et ennemi du travail.

Le dénonciateur à gagé, l'homme de sang, justement repoussés du sein de la société, sont remis à leur place. La probité sévère n'est plus un crime, et l'audace sans pudeur n'est plus le patriotisme par excellence. Espérons donc que le commerce ne sera plus un agiotage honteux, destructeur du crédit national et des fortunes particulières. Cette perspective me dédommage des désagrémens inséparables de ma mission.

J'emporte la satisfaction de pouvoir dire ici, comme dans tous les départemens, qui ont été confiés à ma surveillance ;

Je n'ai pas fait un seul acte arbitraire; je n'ai pas commis volontairement une injustice; je n'ai pas à me reprocher une seule action qui puisse être désavouée par un homme probe et humain : celui qui me fera connaître une erreur, sera pour moi un Dieu tutelaire; je la réparerai à l'instant.

Citoyens, il me reste encore un devoir à remplir envers vous. L'expérience me prouve que vous n'êtes pas assez prononcés pour la cause de la justice. Je vous avoue que quelque uns de vous sont trop aigris par le souvenir des longues persécutions qu'ils ont éprouvées. D'autres ont peine à se déssaisir de la domination qu'ils ont exercée trop long-temps. Il existe encore ici des patriotes exclusifs ; ils devraient offrir le rameau de l'olivier, et ils présentent des poignards ; il faudrait verser le beaume de la paix et de l'oubli sur des plaies encore saignantes, et ils les déchirent. Les dominateurs affectent une supériorité ridicule, et on se tait en leur présence : qu'ils sachent donc que dans aucun temps, chez aucune nation, le règne de la terreur n'a dominé deux fois dans la même révolution.

Au nom de la patrie, désolée par tant d'orages, au nom de l'humanité, flétrie par tant de massacres, au nom de la liberté, achetée par tant de sacrifices, que tous les hommes de bien se réunissent ; que les méchans restent seuls ; qu'ils s'empoisonnent avec leur propre venin ; que notre union soit leur supplice ! Commençons par exercer les actes de bienfaisance pour lesquels nous sommes rassemblés aujourd'hui, et prononçons tous du fond du cœur ; vive la République démocratique une et indivisible, fondée sur la liberté, l'égalité, et délivrée des tyrans qui l'ont trop long-temps couverte de sang, de larmes et de crimes.

Ce discours avoit été plusieurs fois interrompu par les plus vifs applaudissemens. Ils se sont fait entendre de nouveau, lorsque le Représentant du Peuple a eu cessé de parler, et se sont long-temps prolongés. De toutes parts on a demandé l'impression du discours, et son insertion au procès-verbal de la séance.

Organe de la Commune, le Maire a pris la parole. Dans son discours il s'est principalement attaché à peindre les charmes de la sensibilité, compagne inséparable de la vertu, de l'union et de la fraternité, qui de tous les Citoyens ne font qu'une même famille. » Jurons nous, a-t'il dit, en présence de l'Être-Suprême, puisque nous sommes rassemblés dans son Temple ; jurons nous, amitié, fraternité ; que les méchans seuls soient exclus de notre famille ; que l'indignation générale ne soit dirigée que contre le crime ; que les erreurs, les fautes même soient excusées et oubliées. Prénons pour dépositaire du serment d'une union sincère, le Représentant du Peuple que la Convention Nationale a délégué dans notre sein. Prions-le de lui rapporter que nous nous sommes tous réunis pour voler de concert à sa défense, si elle pouvait être encore outragée; pour le maintien de ses travaux, et pour l'exécution des Lois que lui dictera sa sagesse ».

A ce discours vivement applaudi, en a succédé un autre d'un Membre du Jury d'instruction publique : il a montré aux jeunes élèves des écoles primaires, que leur présence à cette cérémonie civique était motivée dans la Loi, comme un des objets de l'éducation qu'ils doivent recevoir ; parce qu'une éducation dont les principes ne tendent point à la bienfaisance, quelque brillante qu'elle soit d'ailleurs, est mauvaise : la seule qualité de bienfaisant emportant avec elle toute l'étendue des devoirs de la morale. » Si vous vous accoutumez à la bienfaisance, leur a-t-il dit, vous chérirez la liberté et l'égalité. L'homme bienfaisant est ennemi de la domination. L'égalité est l'amie inséparable de la bienfaisance, parce que la bienfaisance exclut l'orgueil et la vanité, et ne s'attache qu'à la sagesse et à la vertu ». Il a représenté ces maximes comme le développement de la déclaration des droits de l'homme et du citoyen. Il l'a analisée dans les articles relatifs à l'instruction, besoin de tous ; aux secours publics, dette sacrée de la société. Il a sollicité les Instituteurs de répéter à chaque leçon un des articles de cette declaration, afin qu'elle s'amalgame avec la mémoire de leurs élèves.

» Répétez leur sans cesse que la limite morale de la Liberté est dans cette maxime, malheureusement trop peu refléchie, *ne fais pas à un autre ce que tu ne veux pas qu'il te soit fait* ».

De nouveaux applaudissemens se sont fait entendre.

Un Membre du Département a fait la motion expresse de voter une Adresse de félicitation à la *Convention nationale*, sur le courage héroïque qu'elle a déployé dans les journées des 1, 2, 3 et 4 Prairial, sur le bonheur qu'elle a eu d'échapper au fer des assassins, et dans laquelle seront énergiquement exprimés les principes, et le dévouement des habitans de cette Commune pour la *Convention nationale*.

Cette proposition, accueillie avec enthousiasme, a été unanimement adoptée, ainsi que celle de l'impression et insertion au Procès-verbal du Discours du Représentant du Peuple. Il a encore été arrêté que l'adresse à la Convention Nationale serait rédigée dans le jour, et que pendant les deux jours suivans, elle resteroit sur le bureau, pour y recevoir les signatures des Citoyens, qui se présenteront pour la souscrire.

Les Citoyens ayant ainsi rempli le vœu le plus cher à leurs cœurs, on est revenu à l'objet premier de la fête. Lecture a été faite par le Président du District, de la Loi du 8 Messidor an 2, en conformité de l'article 8 du titre 5 de cette Loi. Lecture a été pareillement faite par le Procureur Syndic, du livre de la bienfaisance nationale; après quoi tous les cultivateurs vieillards ou infirmes, les artisans vieillards ou infirmes, les mères et veuves ayant des enfans dans les campagnes, inscrits sur le livre de bienfaisance, ont été successivement appelés, suivant l'ordre de leurs inscriptions, et ont reçu, en présence du Peuple, le paiement du premier sémestre de la bienfaisance nationale. Les Municipalités ont répondu à l'appel, pour les malades ou les absens de leurs Communes, et ont reçu pour eux les secours qui leurs étaient destinés, qu'elles ont été chargées de leur remettre à domicile. Le décès de quelques autres, à qui il avait été accordé des inscriptions, ayant été déclaré par ces mêmes Municipalités, les sommes qui leur étaient destinées, ont été retenues, pour être employées de la maniere qui sera ordonnée par la Convention nationale, et être au surplus procédé dans la forme légale, au remplacement des décédés sur le Livre de la bienfaisance nationale.

La séance s'est terminée par des Hymnes patriotiques, et les cris mille fois répétés de vive la République! Vive la Convention nationale! Vive Cherrier.

Fait et clos le présent Procès-verbal, en séance publique, à Limoges, les jours, mois et an susdits, par nous Président, Administrateurs et Procureur-syndic du Distric de Limoges.

Roulhac, *Président*; Auvray, Labesse, Étienne, Poulouzat; Plainemaison, *Procureur-syndic*, Meat *secrétaire*.

BIBLIOTHÈQUE NATIONALE DE FRANCE